No. 1 Positivity

(हिंदी में)

Sandeep Singh

INDIA · SINGAPORE · MALAYSIA

ISBN 979-8-89133-995-8

सकारात्मकता प्रेरणास्रोत, लक्ष्य प्राप्ति जीवन में दिव्यता प्रदायिनी, अपनत्व दायी, समृद्धि प्रदायिनी, ऊर्जावान, तेजवान शक्ति एवं गुणी गुण है। **स्वयं ईश्वर विराजते हैं सकारात्मकता में।** जो आपके जीवन में प्रेम, प्रसन्नता, सुख, समृद्धि, सफलता, आचरण, शिष्टाचार, सम्मान प्रदान करने की शक्ति भी रखती है एवं सामर्थ्य भी रखती है।

सकारात्मक व्यक्ति सकारात्मक ऊर्जा एवं सकारात्मक सोच का स्वामी होता है।

समान ऊर्जा सदैव एक दूसरे को प्रतिकर्षित करती है एवं समान सोच सदैव एक दूसरे को आकर्षित करती है।

सकारात्मकता रक्षक शक्ति भी होती है जो आपको रक्षित भी करती है।

सकारात्मक व्यक्ति आकर्षक व्यक्तित्व का स्वामी भी होता है जिसकी तरफ सकारात्मक सोच के व्यक्ति आकर्षित होते रहते हैं।

दो विपरीत सोच सदैव एक दूसरे से प्रतिकर्षित होते आए हैं - यह सत्य है।

यदि आप सकारात्मक सोच के स्वामी हैं तो प्राकृतिक रुप से नकारात्मक सोच आपसे प्रतिकर्षित होती रहती है एवं आप प्राकृतिक स्वरुप से नकारात्मकता से बचे रहते हैं।

यह अपरिवर्तित महासत्य है कि सकारात्मकता से नकारात्मकता कभी विजयी नहीं हुई है। अतः यदि विजेता बनना है तो सकारात्मकता पर विश्वास करना पड़ेगा एवं सकारात्मक सोच का स्वामी बनना पड़ेगा।

इस पुस्तक में आपको सकारात्मकता तो अवश्य दिखाई देगी परंतु कुछ प्रश्नों के ऐसे उत्तर भी प्राप्त होंगे जो सकारात्मक व्यक्ति के आत्मा तक को प्रसन्नचित एवं उन्हें गौरवान्वित कर देगी। क्यूंकि यह पुस्तक ही ऐसी है जिसे आत्मसात करने की प्रबल इच्छा आपके हृदय में जागृत होगी एवं आप स्वयं कहेगें शत प्रतिशत यह पुस्तक No. 1 सकारात्मकता है।

सकारात्मकता मात्र आपको सफल ही नहीं बनाती है क्यूंकि सकारात्मकता सोच होने के साथ-साथ एक शक्तिशाली शुभ शक्ति है जो नकारात्मकता विजेता है।

सकारात्मकता आपको निर्दोषों की रक्षा करने की प्रेरणा देती है जबकि नकारात्मकता प्राकृतिक अनिष्टकारी होती है फिर भी सकारात्मकता से प्रत्येक क्षेत्र में पराजित है। इस सत्य पर आपको विश्वास करना होगा, तभी सकारात्मकता आपको दिखाई देगी एवं यह पुस्तक समझ आएगी।

एक उदाहरण आपको पढ़ाया जाता है। उदाहरण पढ़कर आप स्वयं विभेद करें कि सुंदरता किसमें है नकारात्मकता में या सकारात्मकता में।

नकारात्मक सोच: मैं जीवन में असफल होता चला जा रहा हूँ। समझ नहीं आता किस मार्ग पर चलूँ।

सकारात्मक सोच: मेरा अतीत सुंदर एवं बेहतर था। वर्तमान अतीत से अधिक सुंदर एवं बेहतर है। भविष्य वर्तमान से अधिक सुंदर एवं बेहतर होगा। यह सत्य है एवं मुझे इस सत्य पर अटूट विश्वास है।

नकारात्मकता एवं नकारात्मक सोच आपको पीछे धकेलती है। वहीँ इसके विपरीत सकारात्मक सोच आपका हाथ थामकर आपको संकटों से, दुखों से, परेशानियों से बाहर खींचकर प्रसन्नता, सुख, समृद्धि, सफलता एवं आपके लक्ष्य तक ले जाती है।

सकारात्मकता के साथ चलोगे
स्वयं को नकारात्मकता का विजेता पाओगे

प्रत्येक लक्ष्य को प्राप्त करोगे
स्वयं के सपनों को साकार पाओगे/करोगे

जब सकारात्मकता को समझ जाओगे
इस पुस्तक का आभार जताओगे

दिव्यता भरी होती है सकारात्मकता के अंदर
प्रत्येक व्यक्ति से यह कहते जाओगे

सकारात्मकता के कारण मैंने
अपना व्यक्तित्व निखरते देखा है

अपने सम्मुख नकारात्मकता को
प्रत्येक क्षेत्र में बिखरते देखा है

अभिनंदन करता हूँ सकारात्मकता को
दुनिया को अपने कदमों में झुकते देखा है।

नकारात्मकता एवं नकारात्मक सोच को
अपने सम्मुख रोते देखा है।

इस पुस्तक में कुछ ऐसे प्रश्न और उसके उत्तर ऐसे मिलेंगे कि आप स्वयं कहेंगे

लेखक ने जीवन के असम्भव

प्रश्नो को पाया है

उत्तर ऐसा आया है

दिल गौरवान्वित होकर जश्न मनाया है।

प्रश्न: सफलता किसे कहते हैं?

उत्तर: सफलता की परिभाषा प्रत्येक व्यक्ति के लिए अलग-अलग होती है। परंतु स्वयं के स्वप्न को साकार कर स्वयं की लक्ष्य प्राप्ति कर लेना जो आपके हृदय और आत्मा को आजीवन के लिए प्रसन्नचित कर दे, उसे सफलता कहते हैं।

प्रश्न: सफलता कैसे प्राप्त होती है?

उत्तर: स्वयं से इमानदारी पूर्वक प्रश्न पूछें कि आपकी अन्तरात्मा किस बात से आजीवन के लिए प्रसन्नचित रहेगी। उसे अपने जीवन का लक्ष्य बनाना पड़ता है एवं सतमार्ग पर चलते हुए स्वयं के लक्ष्य का भेदन करना होता है आप सफलता को प्राप्त कर लेते हैं।

प्रश्न: अहंकार करने से क्या होता है?

उत्तर: अहंकार करने से आपके स्वयं की सकारात्मक शुभ रक्षक शक्ति आपका साथ छोड़कर आपकी विरोधी हो जाती है क्यूंकि सकारात्मकता को अहंकार भाता नहीं है।

उदाहरण: रावण - जब तक रावण अहंकारी नहीं था, स्वयं ईश्वर उसकी रक्षक शक्ति थे। अहंकारी हुआ जब रावण ईश्वर ने उसका साथ छोड़ा भी एवं विरोध में भी आए। **"क्यूंकि ईश्वर स्वयं सकारात्मकता की मूरत है। सकारात्मक शुभ शक्ति हैं** ईश्वर"।

सकारात्मकता आपको सफल तो बनाती ही है, साथ-साथ आपको विजेता एवं सच्चा योद्धा भी बनाती है

नकारात्मकता आपके भीतर अहंकार का बीजारोपण करती है और अहंकार से क्या होता है यह आप प्रश्न और उसके उत्तर में पढ़ चुके हैं।

सकारात्मकता आपको कैसे और कैसा योद्धा बनाती है, यह पुस्तक आपको आगे बताने वाली है।

मान लीजिए आप एक महान योद्धा हैं लेकिन आप नकारात्मकता पर विश्वास रखते हैं, तो आपको अहंकारी बनने से आप स्वयं भी नहीं रोक पाएंगे एवं एक अहंकारी योद्धा सदैव चुनौतियाँ देता रहता है। ऐसा नहीं है कि उससे बड़ा योद्धा संसार में दूसरा कोई नहीं, परंतु अहंकारी योद्धा को वह स्वयं सर्वश्रेष्ठ

दिखाई पड़ता है एवं शेर को सवाशेर, सवाशेर को बब्बर शेर मिल ही जाता है।

उसी प्रकार यदि नकारात्मकता स्वयं को सिंह मान बैठी है, तो सत्यता यह होती है कि सकारात्मकता नकारात्मकता के सम्मुख बब्बर सिंह है।

सकारात्मकता यह कहती है कि,

किसी को आप युद्ध की चुनौती मत दें चाहे आप कितने ही बड़े योद्धा क्यूँ न हों। यदि आपको युद्ध की चुनौती मिले, तो चुनौती अस्वीकार नहीं करें चाहे चुनौती देने वाला कितना ही बड़ा योद्धा क्यूँ ना हो। यही सच्चे योद्धा की पहचान भी है और इसी में आपका सम्मान भी है।

प्रश्न: नकारात्मक सोच की पहचान कैसे हो सकती है।

उत्तर: जिस सोच से उत्साह उत्साहहीनता में, आशा निराशा में, प्रेम घृणा में, प्रसन्नता मनहूसियत में, सफलता असफलता में परिवर्तित होने का आपको एहसास कराये, आपको आभास दे, समझ लिजिए वह सोच नकारात्मक है।

प्रयत्नशील रहो सकारात्मकता ये कहती है। प्रयत्नशील रहोगे तो स्वयं के लक्ष्य का भेदन कर जाओगे और जैसे ही स्वयं के लक्ष्य का भेदन किये उसी क्षण आप सफलता प्राप्त कर गये हैं।

प्रश्न: अनुभूति क्या है?

उत्तर: एहसास का एहसास अनुभूति है। आपके एहसास को जब एहसास होता है तब आपकी अनुभूति का सृजन होता है।

जैसे कि - आपको चोट लगी तब आपको एहसास हुआ। जब आपके एहसास को उस चोट के दर्द का एहसास होता है, तब आपको दर्द की अनुभूति होती है। इससे पहले आपको चाहे कितनी भी बड़ी चोट लग जाय और आपके एहसास को एहसास नहीं हुआ, तब आपको दर्द की अनुभूति नहीं होगी। मात्र दर्द का एहसास होता है।

एहसास - Realization

अनुभूति - Feeling

When your Realization realize then you feel feeling, and when your feeling feels feeling then you feel big feeling.

सकारात्मकता मार्ग बताती है कि आपका जीवन सुंदर, महान, गौरवशाली एवं सम्मानीय कैसे हो सकता है।

आप उस मार्ग को यदि पढ़ेंगे तो आप स्वयं कहेंगे, हाँ, सकारात्मकता द्‌वारा दिखाया गया मार्ग सत्य है।

सकारात्मकता ये कहती है कि हम कोई भी कार्य भविष्य में नहीं करते हैं सारे कार्य आप अपने वर्तमान में ही करते हैं। आप 100 वर्षों की या उससे अधिक आयु तक भी यदि जीवित

रहते हैं, तब भी आप के जीवन में भविष्य नहीं आता है। 100 वर्षों के बाद भी आप स्वयं को वर्तमान में ही पाते हैं।

अतः इसी कारण से सकारात्मकता ये कहती है जो जीवन में ही नहीं आ रहा है, व्यर्थ उसकी चिंता क्यूँ करते हो। जो जीवन में है उसे गौरवशाली, महान, सुंदर एवं सम्मानपूर्ण तरीके से जियो जो कि तुम्हारा वर्तमान है। यही आपका वर्तमान कुछ समय पश्चात अतीत बन जाता है। वर्तमान को जिस तरीके से जिओगे वहीं तुम्हारा अतीत होता है। गौरवशाली आपका महान वर्तमान जिसे आपने स्वयं निर्मित किया है, वही आपका गौरवशाली महान अतीत बन जाता है। महान गौरवशाली अतीत आपका महान गौरवशाली इतिहास बन जाता है और उस महान गौरवशाली इतिहास से सिर्फ आपका भविष्य ही नहीं सबका भविष्य प्रेरणा प्राप्त करता है।

आपका इतिहास आपको दिखाई देता है भविष्य दिखता नहीं है। अतः सदैव वर्तमान को सर्वश्रेष्ठ करो। इतिहास रच दोगे और वह इतिहास आपके भविष्य को रच देगा।

कोई भी युद्ध, विश्वयुद्ध, धर्मयुद्ध, या धर्म महायुद्ध आप भविष्य में नहीं लड़ते हैं। सभी युद्ध आप वर्तमान में ही लड़ते हैं। आप अपने वर्तमान में ही परीक्षाओं को भी देते हैं।

सकारात्मकता ये कहती है जो भविष्य के लिए तैयारी करता है उसकी तैयारी अधूरी रहती है। जो वर्तमान के लिए तैयार रहता है उसकी तैयारी पूरी रहती है।

Focus your just.

प्रश्न: अनुभव क्या होता है?

उत्तर: अपने जीवन में स्वयं से एवं औरों से किया गया ज्ञान अर्जन एवं उस ज्ञान के मार्ग पर चलने से अर्जित परिणाम अनुभव होता है।

इस पुस्तक में सकारात्मकता द्वारा आपको हिन्दी एवं अंग्रेजी के वर्णमाला एवं शब्दों का ज्ञान दिया जाने वाला है। यदि आपने उस ज्ञान को ध्यान से पढ़कर समझ लिया और उसे आत्मसात कर लिया तो आपके लिखने की गति ऐसी हो जाएगी जिससे आप स्वयं हतप्रभ रह जाएंगे। कम से कम समय में आप इतने अधिक शब्द लिख देंगे कि आप स्वयं हैरान रह जाएंगे।

हिन्दी एवं अंग्रेजी के प्रत्येक अक्षर Left to Right जाते हैं। उसी प्रकार शब्द भी अधिकांसतः Left to Right जाते हैं। वाक्य तो Left to Right जाते ही हैं।

यदि आपके लिखने की विधि में एक भी अक्षर Right to Left जा रहा हो, तो आप गलती कर रहे हैं। आपको Left to Right जाना होता है। इससे आपके हाथों को कम दूरी तय करनी पड़ती है जिससे आपका समय कम लगता है। यदि आपके अक्षर Right to Left जाते हैं, तो Left से Right पुनः वापस आने में आपके हाथों को अधिक दूरी तय करनी पड़ती है एवं दूरी तय करने में तो Hypersonic Cruise missile को भी समय लगता है।

अतः संक्षिप्त आशय यह है कि शब्दों और अक्षरों को Left to Right Move करने का प्रयास करें। आदत पड़ गई तो आपके लिखने की गति को समय Salute कर देगा।

प्रश्न: सकारात्मक सोच क्या है एवं इनकी पहचान क्या है?

उत्तर: जिस सोच से निराशा आशा में, उत्साहहीनता उत्साह में, घृणा प्रेम में, उदासी प्रसन्नता में, असफलता सफलता में परिवर्तित हो जाय, वह सोच सकारात्मक सोच है एवं सकारात्मक सोच की पहचान भी यही है।

पराजय विजय में परिवर्तित हो जाय वह सकारात्मकता है।

सकारात्मक सोच - लाख जतन कर ले नकारात्मकता, सफलता प्राप्त अवश्य करुंगा मुझे विश्वास है। अपने आप पर भी, अपनी सकारात्मक सोच पर भी, एवं सकारात्मकता पर भी।

सफलता प्राप्त करने के लिए स्वयं के लक्ष्य का भेदन करना पड़ता है। अब प्रश्न यह उठता है आप लक्ष्य का भेदन करेंगे कैसे? उसका समाधान एवं मार्ग यह पुस्तक आपको बताने वाली है।

कुछ महत्वपूर्ण मार्ग हैं जो आपके द्वारा निर्मित लक्ष्य का भेदन आपके द्वारा करने में आपका सहायक होता है।

1. विश्वास - आपको अपनी सकारात्मक सोच पर सकारात्मकता पर एवं स्वयं पर विश्वास करना होता है।

मैंने कहा है विश्वास करना होता है - अटूट विश्वास। अति आत्मविशास नहीं करना है क्यूंकि अति आत्मविश्वास नकारात्मकता में आता है।

विश्वास आपको रक्षित करता है, आपको आपके लक्ष्य भेदन में सहायता प्रदान करता है। वहीं अति आत्मविश्वास से आप दुर्घटनाग्रस्त हो सकते हैं। कुछ हो भी जाते हैं, कुछ हो भी चुके हैं।

अतः स्वयं पर विश्वास रखिए स्वयं के सकारात्मक सोच पर विश्वास रखिए। अति आत्मविश्वास में मत जाइए।

2. परिश्रम - अपने लक्ष्य भेदन में आपको परिश्रम अवश्य करना पड़ता है। यदि परिश्रम से दूर रहेंगे, तो स्वयं के लक्ष्य को भेदने में आपको परिश्रम से भी अधिक परिश्रम करना पड़ेगा।

एक कहावत है कठिन परिश्रम सफलता की कुंजी होती है।

मै इसे गलत नहीं कह रहा हूँ यह भी सच्चाई है, परंतु कठिन परिश्रम आपको वह सफलता प्रदान नहीं कर सकता जिसकी आप इच्छा रखते हैं। यह भी सच्चाई है।

परिश्रम कीजिए, कठिन परिश्रम मत कीजिए। कठिन परिश्रम के जगह बुद्धिक परिश्रम कीजिए। कठिन परिश्रम से आप थकते है परिश्रम से थकान की अनुभूति कम होती है। परिश्रम में यदि आपने बुद्धिक परिश्रम का मिश्रण कर दिया तो आपको सफलता प्राप्त करने से कोइ भी नकारात्मक शक्ति नहीं रोक सकती है।

Now, please say this truth

“बुद्धिमान कार्य”

Smart work is the bigger key to success than hard work.

I am smart worker a smart personality never gone in over smartness. It’s truth whose never change. It’s truth.

This is the positivity

उदाहरण - एक रिक्शा चालक कठिन परिश्रम का एक उदाहरण है। वही रिक्शा चालक smart work किया एक Auto rickshaw खरीदा उसकी थकान भी कम हुई, आय में वृद्धि भी हुई।

उदाहरण - एक मजदूर 8 घण्टे कठिन परिश्रम कर रहा है उसकी आय कितनी है आप स्वयं सोचिए। वही मजदूर दिमाग लगाता है एक ठेका ले लेता है। अब आप स्वयं सोचिये कि अब उसकी आय कितनी है। थकान में कमी आय में वृद्धि।

Responsible is smart work.

3. निरंतर प्रयास - सफलता प्राप्त करने के लिए स्वयं का लक्ष्य भेदन करने के लिए निरंतर प्रयास करना आवश्यक है। प्रयासों की निरंतरता आपको सफलता की तरफ लेकर ही नहीं जाती है अपितु सफल भी बनाती है।

ऐसा बनो की भय आपसे भयभीत रहे।

डर को आपसे डर लगे।

प्रेम को आपसे प्रेम हो जाय।

प्रसन्नता आपसे प्रसन्न हो जाय।

अपनत्व आपको अपना मानने लगे।

युद्ध आपसे थर्रा उठे।

विजय आपके कदम चूमने लगे।

ऐसा आप तभी बन सकते हैं जब आप सकारात्मकता पर विश्वास करेंगे एवं सकारात्मक सोच के स्वामी रहेंगे।

- यदि आप सकारात्मकता पर विश्वास करते हैं तो आप प्रकाश के पक्षधर रहते हैं। प्रकाश की शक्ति प्रकाश का तेज आपके साथ होता है।
- यदि आप सकारात्मकता पर विश्वास करते हैं तो आप प्रेम के अनुयायी रहते हैं। आपसे प्रेम निःस्वार्थ प्रेम करता है। आपके जीवन में प्रेम सदा रहता है।
- यदि आप सकारात्मक सोच के स्वामी हैं, सकारात्मकता पर विश्वास रखते हैं, तो आप सत्य के अनुयायी हैं। सत्य की शक्ति आपके साथ होती है।
- यदि आप सकारात्मकता पर विश्वास रखते हैं तो आप धर्म के अनुयायी हैं। धर्म आपके साथ होता है।

अब आप स्वयं सोचिए जिस के साथ सकारात्मकता, प्रेम, प्रकाश, सत्य, एवं धर्म हो एवं उनकी सम्मिलित शक्ति हो क्या आपको लगता है कि कोई भी बाधा उसे उसके लक्ष्य भेदन करने से रोक सकती है? कोई भी नकारात्मक शक्ति उसे सफल बनने से रोक सकती है?

'नहीं'

जिसके साथ सकारात्मकता, प्रेम, प्रकाश, सत्य, एवं धर्म हो उस व्यक्ति के व्यक्तित्व का तेज कैसा होगा? आप स्वयं सोचिए।

इस पुस्तक में सफलता प्राप्ति के मात्र तीन मार्ग बताए गए हैं। यदि आप कर्मठ होकर उन तीनों मार्गों को एक साथ लेकर चलते हैं, तो सफलता आपके कदम चूमने लगेगी।

परंतु सर्वप्रथम सफलता प्राप्त करने के लिए "लक्ष्य" का होना आपके जीवन में अति आवश्यक है।

प्रश्न: कैसा लक्ष्य बनाना चाहिए?

उत्तर: असम्भव लक्ष्य बनाना चाहिए।

वह असम्भव लक्ष्य आपका प्रथम लक्ष्य होना चाहिए।

संभव लक्ष्य - ये लक्ष्य आपके लिए दूसरी प्राथमिकता होनी चाहिए।

स्वयं के उदाहरण से समझाता हूँ।

यह पुस्तक विश्व की सर्वश्रेष्ठ, सर्वाधिक लोकप्रिय पुस्तक के रूप में संसार के सामने आए।

"यह है सम्भव लक्ष्य"

इस पुस्तक के लेखक की दृष्टि में यह लक्ष्य प्राथमिकता में दूसरे पायदान पर है।

इस पुस्तक की सहायता से प्रत्येक व्यक्ति को सकारात्मकता में परिवर्तित करते हुए सम्पूर्ण पृथ्वी को सकारात्मक शक्ति की अनंत अभेद्य शक्तिशाली सुरक्षा कवच से सुरक्षित करते हुए अनिष्टकारी दरिद्रता की देवी, आर्थिक तंगी की जननी, नकारात्मकता की देवी, **अलक्ष्मी** देवी को पृथ्वी की कक्षा से बाहर धकेलना।

यह असम्भव लक्ष्य, प्राथमिकता में प्रथम पायदान।

एवं मैं स्वयं के असम्भव लक्ष्य का भेदन सफलता पूर्वक करुंगा मुझे स्वयं पर एवं सकारात्मकता पर एवं इस पुस्तक के बताए गये तीनों मार्गों पर अटूट विश्वास है।

This is the positivity, यह है सकारात्मकता।

प्रश्न: अपने असम्भव लक्ष्य का भेदन आप करेंगे कैसे?

उत्तर: लक्ष्य भेदन करने के बताए गए मार्ग पर चलकर। वह मार्ग है:

विश्वास - मुझे अटूट विश्वास है कि मैं अपने असम्भव लक्ष्य का भेदन अवश्य करुंगा। जहां विश्वास होता है, वहां उस विश्वास को सत्य करने के लिए सारी सृष्टि सतर्क हो जाती है।

परिश्रम - कठिन परिश्रम नहीं करुंगा मात्र परिश्रम करुंगा उस परिश्रम में बुद्धिक परिश्रम का मिश्रण करुंगा।

अंग्रेजी में कहें तो,

With the help of smart work. Smart work की help लूँगा तो smart work help अवश्य करेगा इस बात पर विश्वास करके।

निरंतर प्रयास - निरंतर सफल प्रयास करके।

निरंतर सफल प्रयास करेंगे तो सफल ही होंगे। पहली बार सफल होंगे फिर दूसरी बार सफल होंगे फिर बार-बार सफल होंगे।

नकारात्मकता आपसे लड़ेगी और आप बार-बार सफल होंगे। सोच के देखिए क्या होगा। नकारात्मकता लड़ते-लड़ते, हारते-हारते अंत में हार मान लेगी।

प्रयास करने से आप निरंतर प्रयास की तरफ बढ़ते हैं। निरंतर प्रयास करने से आप सफल प्रयास की तरफ बढ़ते हैं। निरंतर प्रयास आपको सफल प्रयास की तरफ लेकर जाता है। जैसे आप सफल प्रयास की तरफ चले जाएंगे आप निरंतर सफल प्रयास करने लगेंगे। निरंतर सफल प्रयास फिर आपको निरंतर सफल बनाता चला जाएगा।

It's truth

We are limited not by our ability but our "vision" and "our thinking", so think "BIG" and think "Positive"

हम अपनी काबीलियत की वज़ह से नहीं बल्कि अपनी "सोच" एवं अपनी "दूरदर्शिता" की वज़ह से सीमित होते हैं, इसलिए हमें बड़ी सोच रखनी चाहिए, सकारात्मक सोच रखनी चाहिए एवं दूरदृष्टा भी होना चाहिए।

चाहे आप काबिल नहीं हैं परंतु यदि आप बड़ी एवं सकारात्मक सोच रखते हैं, तो उस सोच की वज़ह से आपके व्यक्तित्व में काबिलियत स्वतः ही आ जाती है।

यदि आप अपनी काबीलियत निखारना चाहते हैं तो आपको बड़ी सोच एवं सकारात्मक सोच का स्वामी बनना होगा।

यदि आपने ऐसा किया आप अवश्य सफलता प्राप्त करते हैं।

इसके विपरीत यदि आप काबिल हैं एवं आप सीमित सोच एवं नकारात्मक सोच के स्वामी हैं तो आप अपनी काबीलियत के कारण सीमित सफलता अवश्य प्राप्त कर लेंगे, परंतु अपनी सीमित सोच एवं नकारात्मक सोच के कारण आप जो सीमित सफलता प्राप्त किये है उसे अवश्य खो देंगे। फिर उसके बाद सफलता प्राप्त करने का तो प्रश्न ही नहीं उठता।

अतः बड़ा सोचें, सकारात्मक सोचें, एवं दूरदृष्टा (VISIONARY) रहें।

If you have a Strong "WHY" then you create automatic "HOW". So search your strongest "WHY". Never think about "HOW".

यदि आपके पास एक मजबूत "क्यूँ" है, तो आप स्वत: ही कैसे को निर्मित कर लेते हैं। अतः अपना सबसे मजबूत "क्यूँ" की तलाश करें। "कैसे" की सोचें ही नहीं।

यदि आप अपने लक्ष्य का भेदन करना चाहते हैं, तो यह कभी मत सोचिए कि आप अपने लक्ष्य का भेदन "कैसे" करेंगे । यह सोच आपको परेशानी में डाल सकती है क्यूंकि आपको असम्भव लक्ष्य को भेदना है। परेशान व्यक्ति कोई भी लक्ष्य भेद नहीं सकता है।

आपको यह सोचना है कि आपको अपना लक्ष्य "क्यूँ" भेदना है। यदि एक बार आपको वह मजबूत "क्यूँ" प्राप्त हो गया, तो आप अपना लक्ष्य स्वतः ही भेद देते हैं।

उदहारण - यदि आपसे 500 मीटर की दौड़ अपनी पूरी क्षमता से दौड़ने के लिए कहा जाये, स्वयं से इमानदारी पूर्वक पूछिए कि आप कितना समय लगा देंगे।

अब यदि एक काटने वाला पागल कुता आपके पीछे दौड़ा दिया जाये तो आप 500 मीटर की दूरी कितने समय में तय करेंगे। स्वयं को उत्तर दीजिए।

दूसरी बार आप पहली बार से कम समय में 500 मीटर की दूरी तय करेंगे।

क्या कारण है?

तब भी आप ही भाग रहे थे दूसरी बार भी आप ही भाग रहे थे। अंतर बस इतना था कि पहली बार "कैसे" की सोच के साथ भाग रहे थे और दूसरी बार आपके पास एक मजबूत "क्यूँ" था। आपको पता था की आप को भागना "क्यूँ" है।

"HOW" की सोच आपको आपके लक्ष्य से भटकाता है एवं "WHY" आपके VISION को आपके सोच के सारे doubt को clear कर लक्ष्य प्राप्ति को एवं लक्ष्य प्राप्ति के मार्ग को स्पष्ट कर देता है।

Make target then search your strongest "WHY"

"Why" you choose this Target?

तुमने लक्ष्य बनाया तो "क्यूँ" बनाया। उस 'क्यूँ' की सर्वप्रथम तलाश करो।

असम्भव लक्ष्य के भेदन का तरीका तीनों मार्गो पर चलते हुए।

सर्वप्रथम असम्भव लक्ष्य बनाएं

प्रथम प्राथमिकता उसे बनाएं

असम्भव लक्ष्य को ध्यान में रखकर

अति लघु सरल सम्भव लक्ष्य बनाएं

असम्भव लक्ष्य को ध्यान में रखकर

तीनों मार्गो पर चलकर

अति लघु सरल सम्भव लक्ष्य की

असम्भव लक्ष्य तक पहुंचने की सीढ़ी की

प्रथम पायदान बनाएं

अति लघु सरल सम्भव लक्ष्य का भेदन कर

असम्भव लक्ष्य से स्वयं की दूरी घटाएं

पुनः असम्भव लक्ष्य को ध्यान में रखकर

लघु सरल सम्भव लक्ष्य बनाएं

लघु सरल सम्भव लक्ष्य को

असम्भव लक्ष्य तक पहुंचने की सीढ़ी की

दूसरी पायदान बनाएं

लघु सरल सम्भव लक्ष्य का भेदन कर

दूसरी पायदान की सीढ़ी चढ़ जाएं

पुनः असम्भव लक्ष्य को ध्यान में रखकर

सरल बड़ी सम्भव लक्ष्य बनाएं

सरल बड़ी सम्भव लक्ष्य को

असम्भव लक्ष्य तक पहुंचने की सीढ़ी की

तीसरी पायदान बनाएं

सरल बड़ी सम्भव लक्ष्य का भेदन कर

तीसरी पायदान की सीढ़ी चढ़ जाएं।

पुनः असम्भव लक्ष्य को ध्यान में रखकर

कठिन अतिलघु सम्भव लक्ष्य बनाएं

इसे अपनी सीढ़ी की चौथी पायदान बनाएं

चौथी सीढ़ी का भेदन कर

सीढ़ी की चौथी पायदान चढ़ जाएं।

असम्भव लक्ष्य को ध्यान में रखकर

कठिन लघु सम्भव लक्ष्य बनाएं
इसे असम्भव लक्ष्य तक पहुंचने की सीढ़ी की
पांचवीं पायदान बनाएं
पांचवी पायदान का भेदन कर
अपने असम्भव लक्ष्य तक पहुंचने वाली,
सीढ़ी की पांचवीं पायदान चढ़ जाएं

पुन: असम्भव लक्ष्य को ध्यान में रखकर
महान बड़ी एवं सरल सम्भव लक्ष्य बनाएं
इसे अपनी सीढ़ी की छठी पायदान बनाएं
महान बड़ी एवं सरल सम्भव लक्ष्य का भेदन कर
अपनी सीढ़ी की छठी पायदान चढ़ जाएं
अपनी सीढ़ी के पायदान के लक्ष्य का भेदन कर
आप असम्भव लक्ष्य तक पहुंचने की
सीढ़ी चढ़ते जाते हैं
असम्भव लक्ष्य एवं अपनी
दूरी को घटाते जाते हैं

6 पायदान चढ़ने के बाद

पुनः असम्भव लक्ष्य को ध्यान में रखकर

महान कठिन बड़ी सम्भव लक्ष्य बनाएं

इसे असम्भव लक्ष्य तक पहुंचने की अपनी सीढ़ी की

आखिरी अंतिम पायदान बनाएं

अंतिम पायदान का भेदन कर

अंतिम पायदान चढ़ जाएं

आखिरी पायदान पर चढ़कर

असम्भव लक्ष्य को ध्यान में रखकर

असम्भव लक्ष्य पर ध्यान लगाएं

अपने ध्यान को ध्यान में रखकर

अपने ध्यान पर ध्यान लगाएं।

विश्वास, परिश्रम, निरंतर प्रयास को

अपना लक्ष्य भेदी बाण बनाएं।

सकारात्मकता के धनुष की प्रत्यंचा पर रखकर

अपना लक्ष्य भेदी बाण चलाएं

अपने असम्भव लक्ष्य का भेदन कर

स्वयं को शिखर पर पहुँचाएं

इस तरह असम्भव लक्ष्य का भेदन कर

आप शिखर पर पहुँच जाते हैं।

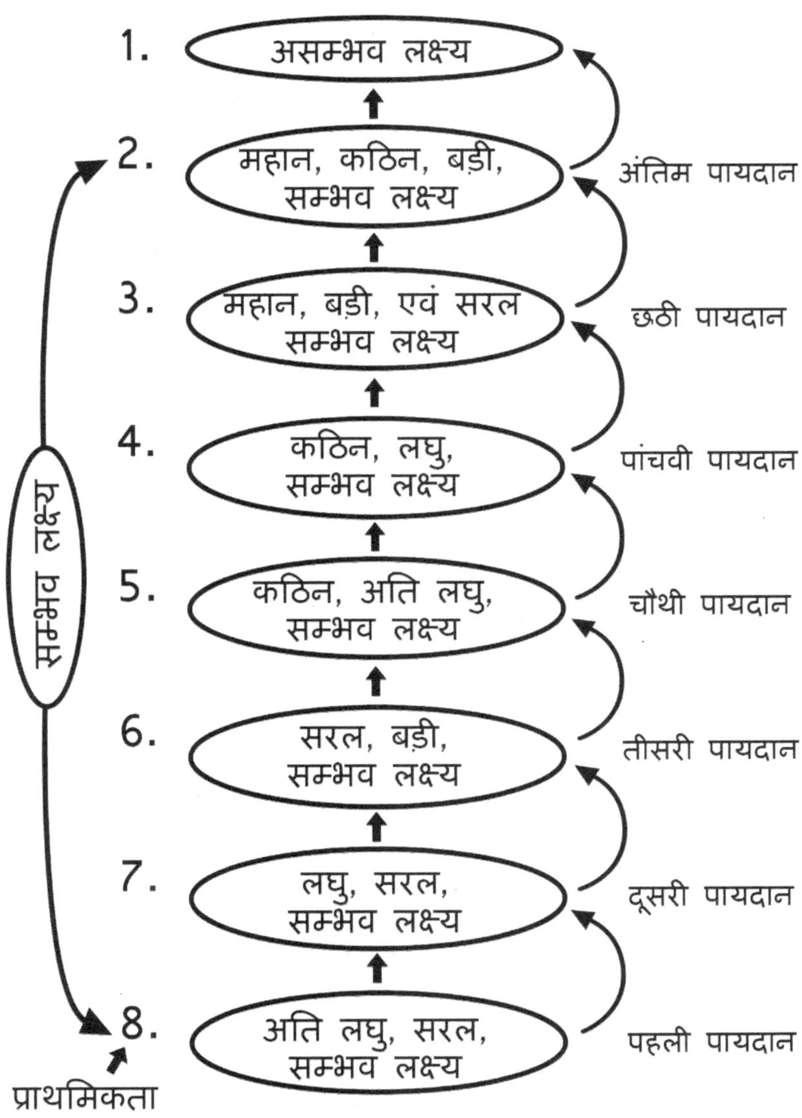

इस पृष्ठ को कृपया कर नीचे से ऊपर की तरफ पढ़ें।

सकारात्मकता द्वारा बतायी गयी कर्म की व्याख्या आपके सोच आपके कर्म को इतना पवित्र कर देगी कि आपके जीवन में प्रसन्नता एवं सफलता एवं उसके कर्म फल से आपके जीवन में सुख व्याप्त हो जाएगा।

कर्म की व्याख्या - कर्म की व्याख्या आप पढ़ने वाले हैं कर्म को पढ़कर हर्षित होकर जश्न मनाने वाले हैं।

कर्म तीन प्रकार के होते हैं।

घृणित निम्न कर्म:

नारी के इच्छा के विरुद्ध नारी की मर्यादा भंग कर देना, अपने कार्य सिद्धि के लिए किसी से प्रेम का दिखावा करना, सज्जनों का, अपने पूर्वजों का, अपने माता-पिता का सम्मान नहीं करना घृणित निम्न कर्म में आता है।

परिणाम: जिसका परिणाम बड़ा भयानक, बड़ा ही निम्न, पीड़ादायी, दुखदायी, कष्टदायी एवं दुर्गन्धयुक्त होता है। निम्न कर्म करने की सोच भी नहीं रखनी चाहिए।

कर्म: नारी की मर्यादा की रक्षा करना, माता - पिता का सम्मान करना, पूर्वजों का एवं सज्जनों का सम्मान करना, सफलता प्राप्त करने के लिए वह सफल प्रयास करना जिसकी सफलता से आपके साथ-साथ राष्ट्र के सम्मान में वृद्धि हो कर्म की श्रेणी में आता है

परिणाम: कर्म का परिणाम सुंदर और सुखदायी एवं मीठा होता है।

सतकर्म: नारी की मर्यादा अनंत जीवन के लिये बन जाना, निःस्वार्थ भाव से निर्दोषों से प्रेम कर लेना, माता-पिता की सेवा करना, वृक्षारोपण करना, प्यासे को जल पिलाना, भूखे को भोजन खिलाना, निर्दोष असहायों का सहायक रहना सतकर्म की श्रेणी में आता है।

परिणाम: सतकर्म का परिणाम बड़ा ही सुन्दर, सुखदायी, कष्टहारी, प्रसन्नता दायी, कल्याणकारी एवं मीठा फलदायी होता है।

निष्कर्ष: अतः हमें कर्मी बनना चाहिए, सतकर्मी होना चाहिए, सतकर्म करना चाहिए।

सकारात्मकता हमें धर्म एवं अधर्म की शिक्षा भी देती है और कहती है कि आपको धर्म का पक्षधर होना चाहिए।

धर्म एवं अधर्म को परिभाषित किया जा रहा है निर्णय आप स्वयं करें की धर्म अच्छा है या अधर्म।

धर्म - रात्रि में युद्ध ना करना धर्म है, युद्ध की चुनौती स्वीकार करना धर्म है, निर्दोषों की रक्षा करना धर्म है, दोषियों को दंडित करना धर्म है। रात्रि में "आत्मरक्षा" करना धर्म है।

अधर्म - रात्रि में युद्ध करना अधर्म है, युद्ध की चुनौती देना अधर्म है, निर्दोषों का अहित करना अधर्म है, दोषियों पर दयाभाव रखना अधर्म है

यदि आपको धर्म भा रहा है तो आप सकारात्मक व्यक्ति है एवं सकारात्मक सोच के स्वामी हैं।

यदि आपको अधर्म भा रहा है या अच्छा लग रहा है तो आप नकारात्मक व्यक्ति हैं एवं नकारात्मक सोच के स्वामी हैं।

सकारात्मकता से नकारात्मकता प्रत्येक क्षेत्र मे पराजित है इसिलिए धर्म से अधर्म भी प्रत्येक क्षेत्र में पराजित है।

अतः विजयी पक्ष का चुनाव करें, धर्म पक्ष का चुनाव करें, धर्म पथ के जो नियम बताए गए हैं उस पथ पर चलिए। आप सकारात्मकता एवं धर्म के पक्षधर हो जाएंगे।

धर्म के पक्ष में न्याय होता है, धर्म के पक्ष में सत्य होता है, सत्य के पक्ष में धर्म होता है, प्रकाश के पक्ष में सत्य होता है, सकारात्मकता के पक्ष में धर्म होता है, प्रेम के पक्ष में सकारात्मकता होती है। प्रेम, धर्म, न्याय, सत्य, प्रकाश एवं सकारात्मकता एक दूसरे के पक्षधर होते हैं।

नकारात्मकता, घृणा, अन्याय, असत्य, अंधकार एवं अधर्म एक दूसरे के पक्ष में होते हैं जो कि पराजित पक्ष है।

विजयी पक्ष के साथ रहेंगे
स्वयं को विजेता पाएंगे

पराजित पक्ष का चुनाव करेंगे
स्वयं को पराजित पाएंगे

विजेता पक्ष का चुनाव करेंगे
सफलता को जीवन में पाएंगे

पराजय के पक्ष में जाएंगे
'काश' को जीवन में पाएंगे।

सकारात्मकता (Positivity) -

Positivity is powerful strongest biggest '+' power.

This is the truth of Positivity

यह सकारात्मकता का सत्य है।

प्रेम (Love) -

Love is the bigger powerful strong bigger '+' power than positivity.

It's the truth of Love.

यह प्रेम का सत्य है।

उसी प्रकार यदि कर्म की व्याख्या में आपको घृणित कर्म अच्छा लगा होगा तो आप नकारात्मक सोच के स्वामी हैं।

यदि कर्म अच्छा लग रहा होगा एवं कर्म से अधिक सुंदर सतकर्म लग रहा होगा, तो आप सकारात्मकता एवं सकारात्मक सोच के स्वामी हैं।

पुनः यह सत्य दोहरा रहा हूँ: सकारात्मकता प्रत्येक क्षेत्र में नकारात्मकता से विजेता है। यह सत्य है।

भगवान बुद्ध ने भी यह कहा है कि,

"हमारी जैसी सोच होती है हम वैसे ही बन जाते हैं। अर्थात व्यक्ति की जैसी सोच होती है, व्यक्ति वैसा ही बन जाता है"।

द्वारा

भगवान बुद्ध

अतएव पुनः कह रहा हूँ।

असम्भव लक्ष्य को ध्यान में रखकर,
सातों सम्भव लक्ष्य बनाएं।
सातों सम्भव लक्ष्यों का भेदन कर,
स्वयं को अंतिम पायदान पर पहुँचाएं।
अंतिम पायदान पर पहुँचकर
असम्भव लक्ष्य को ध्यान में रखकर
असम्भव लक्ष्य पर ध्यान लगाएं।
फिर अपने ध्यान को ध्यान में रखकर,
अपने ध्यान पर ध्यान लगाएं।

विश्वास, परिश्रम, निरंतर प्रयास को,
अपना लक्ष्य भेदी बाण बनाएं।
सकारात्मकता के धनुष की प्रत्यंचा पर,
अपना लक्ष्य भेदी बाण चढ़ाएं।
स्वयं को अनंत महाध्यानी मानकर
अपना लक्ष्य भेदी बाण चलाएं।
स्वयं को अपने असम्भव लक्ष्य का,
सफलता पूर्वक भेदन करते पाएं।
असम्भव लक्ष्य का भेदन कर
स्वयं को सर्वोच्च शिखर पर पहुँचाएं।

द्वारा

एकमात्रम

सकारात्मकता कहती है नकारात्मकता पर विश्वास करोगे तो सदैव पराजित रहोगे। कारण सहित समझाता हूँ।

सकारात्मकता के अनुसार नकारात्मकता पर विश्वास करने वाला स्वयं को अहंकारी बनने से स्वयं भी नहीं रोक सकता है। यह समझने से पहले आपको अहंकारहीनता को समझना पड़ेगा।

अहंकारहीन व्यक्ति अहंकार विजेता होता है। अहंकार पर विजय प्राप्त करने के पश्चात ही वह अहंकारहीन हो पाया है।

निष्कर्ष क्या निकलता है?

निष्कर्ष यह निकलता है कि अहंकार अहंकारहीनता से पराजित योद्धा अर्थात हारा हुआ योद्धा है।

परंतु अहंकारी व्यक्ति एवं अहंकारी योद्धा अहंकार से पराजित व्यक्ति एवं पराजित योद्धा होता है जो कि अहंकार से पराजित होकर उसके अधीन होता है।

समझाने का तात्पर्य यह है कि अहंकारी हारे हुए से हारा हुआ खिलाड़ी होता है। वह हार से बड़ी हार होती है। दोष आपका नहीं है, दोषी अहंकार है।

अतः अहंकारी बनकर पराजित क्यूँ होते हो। अहंकार पर विजय प्राप्त करो सच्चा “विजेता” वही होता है। अहंकार से हारिये नहीं।

अहंकार की अनुभूति से सुंदर गर्व की Proud की अनुभूति होती है। परंतु आपको गर्व की अनुभूति तब ही प्राप्त हो सकती है जब आप विजेता बनोगे अहंकार पर विजय प्राप्त करोगे।

एक गर्व की अनुभूति यह पुस्तक आपको देने जा रही है। निष्कर्ष आप स्वयं निकालें सुंदरता किस में अधिक है।

ममम् ममम् अस्ति ममम् नहम् अहम् अस्ति। ममम् गर्वम् करोति अस्ति ममम् नहम् अहम् करोति अस्ति।

"अर्थात"

मैं साधारण मैं हूँ मैं घमण्ड नहीं हूँ । मैं इस बात पर गर्व करता हूँ कि मैं घमण्ड नहीं करता हूँ।

यह सत्य है एवं "सत्य: अपरिवर्तिताम: भवति अस्ति"। सत्य बदलता नहीं है।

उसी प्रकार गर्व से भी अधिक सुंदर प्रेम की अनुभूति होती है। यदि आपके हृदय में अहंकार के जगह प्रेम और गर्व दोनों की अनुभूति सदैव के लिए विद्यमान हो जाये तो सोचिए वह अनुभूति कैसी होगी?

"गर्व और प्रेम" दोनों की अनुभूति यह पुस्तक आपको देने जा रही है। ध्यान पूर्वक पढ़िएगा।

ममम् ममम् अस्ति ममम् नहम् अहम् अस्ति। ममम् गर्वम् करोति अस्ति ममम् नहम् अहम् करोति अस्ति।

ममम् मम् छवियम् निश्वार्थम् प्रेमम् करोति अस्ति कि ममम् गर्वम् करोति अस्ति ममम् नहम् अहम् करोति अस्ति।

"अर्थात"

मैं साधारण सा मैं हूँ मैं घमण्ड नहीं हूँ एवं मैं अपने इस बात से गर्व करता हूँ कि मैं घमण्ड नहीं करता हूँ एवं मैं अपने इस छवि से निःस्वार्थ प्रेम करता हूँ कि मै इस बात पर गर्व करता हूँ कि मैं घमण्ड नहीं करता हूँ

अहंकार पर जो विजय प्राप्त करता है वह अहंकारहीनता है।

अहंकारी पर जो विजय प्राप्त करता है वह अहंकारहीन है।

उसी प्रकार सकारात्मकता यह कहती है। दो कर्म और होते हैं जिन्हें **पाप कर्म** एवं **पुण्य कर्म** कहते हैं।

पाप कर्म: जिस कर्म से आपकी पवित्र आत्मा, पवित्र हृदय, एवं पवित्र मन आपको धिक्कारने लगे, आपके पवित्र नेत्र शर्मिंदगी से झुक जाय वह कर्म पाप कर्म होता है।

दूसरा जिस कर्म से दूषित आत्मा दूषित मन, प्रसन्नता से प्रसन्नचित हो जाय वह कर्म पाप कर्म है।

पुण्य कर्म: जिस कर्म से आपकी पवित्र आत्मा पवित्र मन पवित्र हृदय प्रसन्नता से प्रसन्नचित हो जाय आपको सराह उठे गर्व से गौरवान्वित हो उठे वह कर्म पुण्य कर्म होता है।

जिस कर्म से दूषित मन ग्लानि से भर उठे, वह कर्म पुण्य कर्म होता है।

पुण्य कर्मी बनना चाहिए, कर्मी बनना चाहिए एवं सतकर्मी बनना चाहिए। यह सकारात्मकता की शिक्षा है।

यदि आपसे कोई ऐसा कर्म हुआ जिसे आपकी आत्मा पाप मानती है तो परेशान मत होइए। पाप कर्म से मुक्ति पाने का उपाय एवं एक सरल मार्ग आपको बताया जाता है।

जिस कर्म से आपकी पवित्र आत्मा को पाप कर्म का आभास हो रहा है तब आपको उस कर्म के विपरीत उल्टा कर्म करना होता है। पाप कर्म की संख्या से अधिक पुण्य कर्म होना चाहिए। जैसे ही पुण्य कर्म की संख्या पाप कर्म की संख्या से अधिक होगी, आपका पुण्य कर्म आपके पाप कर्मों का विनाश कर उसे नष्ट कर देता है और आप पाप कर्म से मुक्ति प्राप्त कर लेते हैं क्यूंकि पुण्य भी पाप विजेता होता है। जैसे ही आप पाप कर्म से मुक्ति पाते है, आप पुण्यात्मा हो जाते हैं।

पुण्यात्मा की जगत में क्या पहचान होती है आप स्वयं विचार करिए।

सकारात्मकता आपको सत्य, धर्म, प्रेम, प्रकाश, न्याय का पक्षधर होने को कहती है। पुण्य कर्मी, कर्मी, एवं सतकर्मी बनने को कहती है। आपको पुण्यात्मा बनाती है। पाप कर्म की निन्दा होती है एवं पुण्य कर्म की पूजा होती है।

अतः पुण्यात्मा बनें।

इस पुस्तक का लेखक सकारात्मकता का पक्षधर है।

निर्णय अब आप स्वयं करें। जीवन आपका है तो यह निर्णय भी आपका है कि आप किस पक्ष का चुनाव करेंगे।

नकारात्मकता का या फिर सकारात्मकता का

अलक्ष्मी देवी का सत्य - दरिद्रता की देवी आर्थिक तंगी की जननी नकारात्मकता की देवी अनिष्टकारी नकारात्मक दिव्य शक्ति है अलक्ष्मी देवी, जिसे नकारात्मक सोच सुगन्धित लगती है। जहां नकारात्मकता एवं नकारात्मक सोच होती है, वहां अलक्ष्मी देवी अपने सुगन्ध की तरफ आकर्षित होकर खींची चली आती है।

जिसके जीवन में अलक्ष्मी (Goddess of Poorness) आती है, दरिद्रता आर्थिक तंगी एवं अनिष्ट को लाती है।

इसके विपरीत सकारात्मकता एवं सकारात्मक सोच माता महालक्ष्मी को सुगंधित लगती है। माता महालक्ष्मी समृद्धि की देवी (Goddess of Richness) हैं।

निष्कर्ष:

अलक्ष्मी देवी के लिए

नकारात्मकता सुगंध है

सकारात्मकता दुर्गंध है।

माता महालक्ष्मी के लिए

सकारात्मकता सुगंध है।

नकारात्मकता दुर्गंध है।

अलक्ष्मी देवी के लिए दुर्गंध फैला रहा हूँ।

माता महालक्ष्मी के लिए सुंगध

सोच:

- मेरा भी हित हो जाय, किसी का अहित भी ना हो।
- मेरा भी हित हो जाय, मेरे हितैषियों का भी हित हो जाय।
- मेरा भी हित हो जाय, राष्ट्र का भी हित हो जाय।
- मेरा भी हित हो जाय, सम्पूर्ण पृथ्वी का भी हित हो जाय।
- हमारा अतीत बेहतर, सुन्दर एवं प्रसन्नता से परिपूर्ण था। वर्तमान अतीत से अधिक बेहतर, सुन्दर एवं प्रसन्नता से परिपूर्ण है, एवं भविष्य वर्तमान से अधिक बेहतर सुन्दर एवं प्रसन्नता से परिपूर्ण हो रहा है।

यह सत्य है एवं हमें इस सत्य पर विश्वास है।

These five are smart No. 1 Positive Thoughts. It's truth और सत्य पर विश्वास करना चाहिए।

जहां ईश्वर नहीं वहां सकारात्मकता नहीं। जहां सकारात्मकता है वहीं ईश्वर मिलेंगे आपको।

द्वारा

संदीप कुमार सिंह

भगवान श्री राम ने भी यह कहा है कि

“अधर्म कितना ही शक्तिशाली क्यूँ ना हो जाये, धर्म की शक्ति के आगे दुर्बल है”।

द्वारा

भगवान श्री राम चन्द्र

भगवान श्री कृष्ण ने श्रीमद भगवद गीता में यही कहा है।

"अधर्म कभी धर्म पर विजय प्राप्त नहीं कर पाया है। अतः हे अर्जुन धर्म पथ पर चलो"।

द्वारा

भगवान श्री कृष्ण

एवं आप धर्म पथ पर तभी चल पायेंगे जब आप सकारात्मक रहेंगे, सकारात्मक सोच के स्वामी रहेंगे, एवं सकारात्मकता पर विश्वास करेंगे।

द्वारा

संदीप कुमार सिंह

एकमात्रम

God is

Positivity

God of God is

No. 1

Positivity

www.ingramcontent.com/pod-product-compliance
Lightning Source LLC
LaVergne TN
LVHW090140160826
845673LV00017B/2528

* 9 7 9 8 8 9 1 3 3 9 9 5 8 *